Julius Klain

Coronavirus
Mein sechstes Corona-Krise Tagebuch

Mein Lächeln verschwindet

Bibliografische Information der Deutschen Nationalbibliothek: Die Deutsche Nationalbibliothek verzeichnet diese Publikation in der Deutschen Nationalbibliografie; detaillierte bibliografische Daten sind im Internet über dnb.de abrufbar.

© 2020 Julius Klain
Coverbild: © Thaut Images - stock.adobe.com
Coverdesign und Layout: © Julius Klain
Herstellung und Verlag: BoD – Books on Demand, Norderstedt

ISBN: 978-3-7519-0852-8

Vorwort

Liebe Leserin, lieber Leser,

irgendwann habe ich einmal den folgenden philosophischen Satz gehört oder gelesen:

„Wenn es sich noch nicht gut anfühlt, dann ist es auch noch nicht vorbei."

Obwohl sich die Corona-Krise binnen der vergangenen sechs Wochen entwickelt, sich stets verändert und inzwischen für mich und meine Familie gesundheitlich als deutlich weniger bedrohlich herausgestellt hat, als ich zunächst befürchtet habe, fühlt es sich für mich noch nicht so an, als sei bereits alles gut. Im Gegenteil. Vielleicht ist das auch der Grund, weshalb ich nicht damit aufhören kann, an dieser Tagebuchreihe zu schreiben.

Ihr

Julius Klain

P.S.: Auch die Handlungen dieses Buches schließen sich unmittelbar an die Inhalte meiner ersten fünf Corona-Krise Tagebücher an. Um dieses Buch besser zu verstehen, empfehle ich Ihnen daher, vorab auch die anderen Bücher zu lesen.

Mittwoch, 22. April 2020

Ich habe in einem der vorangehenden Tagebücher geschrieben, dass ich die derzeitige Lockdown-Situation genießen würde. Doch dieses Gefühl ist inzwischen deutlich kleiner geworden. Stattdessen überwiegen derweil vor allem Anstrengung und Ungewissheit in mir. Anstrengung auf Grund des anhaltenden kräftezehrenden Spagats zwischen Kinderbetreuung und Arbeit, sowie der damit verbundenen Tatsache, dass ich nahezu keine freie Minute mehr habe, um mal Luft zu holen. Und Ungewissheit, weil ich seit Tagen einige offene Fragen mit mir herumtrage, die mich belasten und die mein Kopf gestern Abend wie folgt zusammengefasst hat:

- *Was für ein anstrengender Tag (bezogen auf gestern)! Ob es so bleiben wird?*
- *Haben wir das Schlimmste dieser Krise schon überstanden?*
- *Was hat das mit der Maskenpflicht ab 27. April auf sich?*
- *Wann können die Jungs endlich wieder in die Schule gehen?*
- *Wie lange wird meine Tochter noch zu Hause sein, beziehungsweise, wird sie vor ihrer Einschulung im Sommer den Kindergarten überhaupt noch einmal besuchen?*
- *Wird sie in diesem Sommer eingeschult, oder fällt das dieses Jahr wohlmöglich aus?*
- *Werden wir am Monatsende erstmals an unsere finanziellen Rücklagen gehen müssen?*
- *Wird Corona für mich und meine Familie auch weiterhin ein Gespenst in der Ferne bleiben?*

Diese Liste ergänzt sich mitten in der Nacht, als ich von dem Geräusch einer umfallenden Mülltonne vor unserem Haus aus dem

Schlaf gerissen werde und nicht mehr einschlafen kann, noch um die Fragen:

- *Wann wird es endlich mal wieder regnen?*
- *Was wird aus unserem Ostseeurlaub im August? Dürfen, beziehungsweise wollen wir fahren, oder nicht? Bis wann können wir stornieren, ohne dass weitere Kosten entstehen?*

5.45 Uhr: Mein Wecker klingelt. Ich bleibe jedoch noch etwas länger im Bett liegen und versuche, mir die eine oder andere der soeben erwähnten Fragen zu beantworten. Leider ohne Erfolg.

6.50 Uhr: Ich bin inzwischen aufgestanden, habe mich angezogen und sitze nun allein am Frühstückstisch, da die Kinder bereits Fernsehen schauen und meine Frau sich im Bad auf ihren Arbeitstag vorbereitet.

7.30 Uhr: Meine Frau fährt zur Arbeit. Vorher habe ich mir jedoch noch ihr Einverständnis dafür eingeholt, dass ich mir einen Reparaturständer für Fahrräder bestellen darf, um den kaputten Reifen meines Sohnes instand zu setzen. (Reparaturständer = eine Vorrichtung, um das zu reparierende Fahrrad in eine angenehme Arbeitshöhe zu bringen, anstatt permanent auf Knien oder mit krummen Rücken daran arbeiten zu müssen.)

7.43 Uhr: Die Bestellung des Reparaturständers ist raus.

8.00 Uhr: Schulbeginn im Zimmer meines älteren Sohnes. Heute zur Abwechslung mal ohne großes Murren und Zetern vorweg. ☺

10.00 Uhr: Schulende, doch Zeit zum Durchatmen habe ich nicht, da nun meine Tochter meine volle Aufmerksamkeit verlangt. Um ihr diese geben zu können, erlaube ich den beiden Jungs, an die Spielkonsole zu gehen, und sich dort zu beschäftigen.

10.43 Uhr: Mein Smartphone klingelt und obwohl ich insgeheim mit dem Anruf gerechnet habe, steht mein Atem dennoch kurz still, als ich heute von einem weiteren Großkunden erfahre, dass dieser alle meine für Mai geplanten Vortragstermine absagt und ich folglich einen weiteren Monat ohne Einkünfte aus meiner Selbstständigkeit klarkommen muss. ☹

11.15 Uhr: Meine Frau kehrt von der Arbeit heim. Wir reden jedoch kaum miteinander, sondern sie übergibt mir lediglich den Autoschlüssel und ich fahre sogleich selbst los, um auch meinen Arbeitsvertrag zu erfüllen. Unterwegs merke ich, dass ich ein wenig geknickt bin. Einerseits wegen des Anrufs und dessen Konsequenzen sowie andererseits, da ich bereits jetzt die Anstrengung des bisherigen Tages spüre und weiß, dass es auf der Arbeit ebenfalls anstrengend werden wird.

16.45 Uhr: Ich kehre nach Hause zurück und bin total überrascht, dass ich dort alleine bin. Freudig überrascht (!), denn es ist nunmehr über einen Monat her, dass ich mich mal allein in unseren vier Wänden aufgehalten habe und die Freiheit hatte, nur das zu tun, was ich tun wollte.

Heute bin ich so frei, mich einfach aufs Sofa zu legen, mir den Fernseher einzuschalten und schlichtweg das zu schauen, was ich schauen möchte (keinen Kinderfilm!) und mich dabei etwas auszuruhen.

17.45 Uhr: Das Haus ist seit drei Minuten wieder voll. Folglich hat auch meine Ruhe an (jähes) Ende gefunden, jedenfalls wurde ich von den Kindern vom Sofa und vor dem Fernseher verdrängt. Daher beginne ich damit, das Abendessen vorzubereiten.

18.15 Uhr: Abendessen.

18.45 Uhr: Da ich noch Tatendrang habe, gehe ich noch einmal raus in den Garten und Mähe den Rasen.

19.50 Uhr: Der Rasen ist gemäht, nun gilt es die Kinder ins Bett zu bringen.

22.00 Uhr: Auch ich gehe hundemüde ins Bett.

<u>Weitere erwähnenswerte Ereignisse des Tages (Kurzform):</u>

- Regen? Auch heute nicht.

Donnerstag, 23. April 2020

5.45 Uhr: *Wie gerne würde ich jetzt einfach aufstehen, ins Bad gehen, mich für die Arbeit fertigmachen und dorthin fahren,* denke ich mir schweren Herzens beim Aufwachen. Schweren Herzens, da mir auch heute klar ist, dass meine Zeit zunächst den Kindern gehören wird, und dass ich daher wie gestern erst gegen Mittag zur Arbeit aufbrechen kann. Dann wenn mein innerer Akku abermals schon deutlich an Ladung verloren haben wird. Aus diesem Grund folgern meine Gedanken letztlich, dass es auch heute ein sehr anstrengender Tag werden wird, weshalb ich mich erstmals seit Beginn dieser Tagebuchreihe nicht gleich früh morgens an meinen heimischen Schreibtisch begebe, um an einem der Tagebücher zu arbeiten. Stattdessen drehe ich mich noch einmal im Bett um und ruhe mich noch etwas aus, bevor eines der Kinder wach wird.

6.15 Uhr: Die Jungs sind wach und stapfen barfuß die Treppe hinunter, was auch für mich das Signal ist, aufzustehen.

7.15 Uhr: Meine Frau und ich sitzen am Frühstückstisch. Die Kinder hocken auch heute allesamt schon wieder vor dem Fernseher. *Wo sind nur unsere vormals geltenden Regeln geblieben? Kein Fernsehen vor 18 Uhr und, wenn wir alle zu Hause sind, wird gemeinsam am Tisch gegessen,* frage ich mich.

Sie sind Corona zum Opfer gefallen, lautet meine innere Antwort. *Willst du etwas gegen das aktuelle Ist unternehmen?* hakt eine Stimme in mir nach.

Nein, danke! antworte ich ihr.

Warum nicht?

Da mir klar ist, wo das enden würde: in Geschrei, heftigen Beschimpfungen und einem handfesten Streit und das ganze schon vor acht Uhr morgens.

7.38 Uhr: Ich nehme mir unsere Reiseunterlagen für unseren Ostsee-Sommerurlaub im August zur Hand und entnehme diesen, dass wir erst am 20. Juni die Schlussrate bezahlt oder bis dahin storniert haben müssen. *Wir haben diesbezüglich also noch etwas Zeit, eine Entscheidung zu treffen. Und Zeit zu haben ist gut, erstrecht in der jetzigen Situation.* ☺

7.43 Uhr: Meine Frau hat am Anfang der Woche, kurz nachdem die ab kommendem Montag geltende Mundschutzpflicht bekanntgegeben wurde, auf ihrem WhatsApp-Status veröffentlicht, dass auch sie Mundschutzmasken näht. Zählreiche Freunde haben sich daraufhin bei ihr gemeldet, so viele, dass sie bereits heute kein Gummi/Gummizug mehr für die Ohr-/Kopfbügel der Masken besitzt. Auch im Internet ist dies derzeit nicht beschaffbar, weil schlichtweg ausverkauft. Wir beschließen daher in der Familie und bei Freunden alte, saubere, aber nicht mehr benötigte Unterwäsche einzusammeln, um die Bundgummis sowie die BH-Träger für die Herstellung der Mundschutzmasken zu verwenden. *Not macht halt erfinderisch.*

8.15 Uhr: Ich bin mit den Kindern (mal wieder) allein, da meine Frau zur Arbeit gefahren ist. Auch heute heißt es daher für mich: Home schooling. So langsam hängt mir dies jedoch zum Hals heraus!

10.30 Uhr: Schulende, auch wenn die Jungs noch nicht alle Aufgaben erledigt haben. Dies ist mir heute jedoch vollkommen egal, da ich meine Kraft sparen und nicht für die aufkeimenden elendigen Diskussionen mit ihnen aufwenden will, zumal auch heute meine anstrengendste Tagesphase erst am Nachmittag bevorsteht. Zudem sage ich mir: *Es kann nicht sein, dass die Schule derzeit geschlossen hat und nun von mir verlangt wird, dass ich das gleiche zu Hause leisten soll, was sonst dort stattfinden würde. Das, was ich machen kann mache ich und das, was nicht geht, geht halt nicht.*

11.15 Uhr: Ich beginne damit, das Mittagessen vorzubereiten und kümmere mich nebenbei um die Wäsche.

12.45 Uhr: Mittagessen der gesamten Familie sowie zeitgleiche „Übergabe" der bisherigen und noch bevorstehenden, heutigen Ereignisse rund um die Kinder an meine Frau.

13.15 Uhr: Ich sitze im Auto und fahre zur Arbeit, wo die Angelegenheit von Firma F* auf mich wartet.

19.15 Uhr: Ich kehre von der Arbeit nach Hause zurück, esse ein Brot, schaue um 20 Uhr noch kurz die Nachrichten und falle anschließend hundemüde ins Bett.

<u>Weitere erwähnenswerte Ereignisse des Tages (Kurzform):</u>
- Die EU hat heute ein Corona-Hilfspaket in Höhe von 540 Mrd. Euro beschlossen. *Was für eine horrende Summe!*

- Die Bundeskanzlerin warnt die Landesregierungen (in deren Händen der Umgang mit den Restriktionen inzwischen liegt) davor, zu forsch Lockerungen zu veranlassen. Laut Frau Merkel ist die „größtmögliche Ausdauer" im derzeitigen Lockdown gefragt. Doch ich spüre an mir selbst, dass diese Ausdauer langsam aber sicher zur Neige geht.

Freitag, 24. April 2020

Da mich der Fall von Firma F* zeitlich so stark fordert, wie zu Beginn von mir erwartet, verabschiede ich mich bereits um kurz nach 6.30 Uhr mit den folgenden, zynisch gemeinten Worten von meiner Frau: „Viel Spaß zu Hause!"

Ich hingegen bin einfach nur froh, das Haus verlassen und zur Arbeit fahren zu können, wo ich auch bis kurz nach 18 Uhr verweile. Die Aussicht auf eine Rettung von Firma F* ist jedoch binnen des heutigen Tages, nahezu gen Null geschrumpft. *Bitter! Für alle Betroffenen. Auch für mich.*

Weitere Ereignisse des Tages (Kurzform):

- Laut einer Umfrage in Italien haben dort über 40% der Befragten Deutschland als derzeitigen „Feind Nr. 1" eingestuft, da wir zu Beginn zu der Krise aus Sicht der Italiener/innen nicht ausreichend geholfen, sondern uns zu sehr auf unsere Bedürfnisse konzentriert haben. *Scusa Italia!*
- Im Gegenzug wird laut der italienischen Umfrage China aktuell als „Freund Nr. 1" eingestuft, da China umgehend nach dem Beginn der Corona-Krise in Italien Hilfsmittel (vor allem medizinisches Equipment) nach Italien gesandt hat (zusammen mit Russland). *Für mich nicht bloß ein Akt der Menschlichkeit, sondern vielmehr der (erfolgreiche?) Versuch dieser beiden Großmächte einen Keil in die Europäische Einheit zu treiben. Mal schauen, wie sich das in der Zukunft auswirkt.*

- *Ob man in neun Monaten von „Corona-Kindern" sprechen wird?*

- Ebenso frage ich mich, ob auch die Worte „Corona-Frühling" und „Corona-Sommer" Einzug in den Sprachgebrauch halten werden. *Wir werden es sehen.*
- Immer noch kein Regen. So langsam wird die Trockenheit echt prekär.

Samstag, 25. April 2020

Es gibt vom heutigen Tag lediglich eine nennenswerte Gegebenheit zu berichten: „Dass mit der Mundschutzpflicht".

Bereits beim Durchblättern der heutigen Tageszeitung während des Frühstücks, stolpere ich über das besagte Thema, ahne jedoch zu diesem Zeitpunkt nicht, dass es mich noch über den gesamten Tag hinweg beschäftigen wird. In der Zeitung steht zunächst: „Das Tragen einer Mund-Nasen-Bedeckung kann dazu beitragen, Risikogruppen vor Infektionen zu schützen, die Ausbreitung von COVID-19 in der Bevölkerung zu verlangsamen und damit auch unsere Krankenhäuser zu entlasten. Deshalb empfiehlt auch das Robert-Koch-Institut das Tragen einer Maske für Gelegenheiten, bei denen mehrere Menschen in geschlossenen Räumlichkeiten aufeinandertreffen und der Abstand von mindestens 1,5 Metern nichtmehr eingehalten werden kann, was insbesondere in Supermärkten, Geschäften und dem öffentlichen Nahverkehr der Fall ist. Und diese Empfehlung wird ab Montag zur Pflicht. ..."

Ergänzung meinerseits: Schon seit längerem gilt allerdings die Ansage der Bundesregierung, dass das Tragen von Mundschutzmasken in der Öffentlichkeit dringend empfohlen wird.

Aus diesem Grund habe ich mir ja auch schon seit gut einer Woche angewöhnt, eine von meiner Frau selbstgenähte Mundschutzmaske zu tragen, sobald ich das Haus verlasse. Zugegeben, anfangs war dies komisch und ungewohnt für mich. Inzwischen habe ich mich jedoch daran gewöhnt. Was mich jedoch nach wie vor (extrem) stört, ist die Tatsache, dass ich in unserer Gegend nahezu der einzige bin, der eine solche Maske trägt. Viele Personen aus meinem Umfeld reagieren auf meinen Anblick sogar kopfschüttelnd und sie fragen mich, warum ich „so ein Ding" tragen würde. Meine Antwort ist dabei stets dieselbe: „Um dich zu schützen!". Eine Aussage, die stets für Verwirrung sorgt und mir zeigt, dass der Sinn und Zweck eines Mundschutzes noch überhaupt nicht verstanden wird. Nämlich die aus meinem Mund kommenden (Mini-) Tröpfchen aufzufangen, sodass sie andere Menschen nicht erreichen können. Mich selbst schützt die Maske kaum, sondern das Gesamtprinzip funktioniert nur, wenn auch andere Menschen einen Mundschutz tragen und mich dadurch schützen. Aber wie gesagt, dass ist noch (lange) nicht in den Köpfen der Bevölkerung angekommen, auch nicht bei meiner Mutter: …

Als ich im Verlauf des Vormittags den Bio-Müll aus dem Haus zur Mülltonne bringe, schaue ich die Straße hinunter und sehe aus der Ferne, dass ein Lieferauto eines regionalen Spargel- und Erdbeerproduzenten bei meinen Eltern vor dem Haus steht und, dass meine Mutter entgegen des Abstandsgebotes Schulter an Schulter mit dem Lieferanten zusammensteht und irgendetwas bespricht. Einen Mundschutz suche ich zudem bei beiden vergeblich.

„Das ist doch unglaublich!" platzt es vor Wut aus mir heraus und schallt die Straße herunter. „Kein Wunder, dass sich Corona immer weiter ausbreitet, wenn sich niemand an die Regeln hält. Warum haltet ihr keinen Abstand verdammt und warum tragt ihr keinen Mundschutz?" fauche ich zusätzlich hinterher.

Die Reaktionen der beiden: meine Mutter schaut verwirrt in meine Richtung, schüttelt jedoch nur mit dem Kopf und der Lieferant signalisiert mir durch das Picken mit seinem Zeigefinger an seine Schläfe, dass ich nicht mehr alle Tassen im Schrank habe.

Ich möchte nicht wissen, mit wie vielen Menschen der Typ heute Kontakt hat, denke ich mir stock sauer auf dem Weg zurück ins Haus. *Genauso verbreitet sich die Scheiße.*

Was ist los mit dir? fragt mich eine innere Stimme. *So dünnhäutig und emotional habe ich dich ja noch nie erlebt.*

Keine Ahnung. Ich weiß selbst nicht, was gerade in mich gefahren ist, lautet meine Antwort.

Als wolle es der Zufall so, bemerke ich auf meinem Weg zurück in die Küche, um den geleerten Mülleimer an seinen angestammten Platz zurückzubringen, dass ich bei meinem vorherigen Gang, etwas verloren habe. Kurzum sammle ich die zu Boden gefallenen Orangenschalen auf und gehe abermals zur Mülltonne hinaus, wo ich ein weiteres Mal in Richtung des soeben beschriebenen Szenarios blicke und mir erneut vor Wut die Hutschnur platzt, als ich sehe, dass sich inzwischen sowohl meine Nachbarin und zu meinem Ärger auch meine Frau an dem Lieferwagen aufhalten und ungeschützt mit dem Lieferanten als auch untereinander in Kontakt treten.

Dieses Mal brülle ich jedoch nicht irgendetwas die Straße hinunter, sondern ich ziehe mich stattdessen etwas außer Sichtweite zurück und warte vor unserer Haustür auf meine Frau, die meinen Ärger sogleich abbekommt, als sie wenig später heimkehrt: „Kannst du mir verraten, wofür du die ganze Woche Mundschutzmasken genäht hast, wenn du sie selbst bei solchen Situationen nicht aufsetzt? Das kann doch nicht wahr sein! Wenn ihr alle so weitermacht, dann können wir noch lange darauf warten, bis die Schulen und Kindergärten wieder öffnen und bis sich die ganze Situation wieder etwas entspannt."

Natürlich hat sie keine plausible Erklärung parat. Aber das habe ich auch nicht anders erwartet.

Wie würde man beim Dreh eines Fernsehfilms sagen? „Klappe – Mundschutzmasken – die dritte!":

Ich bin innerlich noch immer über die bisherigen Ereignisse des Tages aufgebracht, als die Kinder gemeinsam zu mir in die Garage kommen, wo ich soeben den gestern gelieferten Fahrradreparaturständer aufgebaut habe und mich nun an dem geplatzten Fahrradreifen meines jüngeren Sohnes zu schaffen mache, und mich fragen, ob sie sich auch heute wieder (wie am vergangenen Wochenende) mit einem Freund / einer Freundin treffen dürfen.

Dürfen Sie, oder dürfen sie nicht? frage ich mich und auch dieses Mal spüre ich, wie mich diese simple Frage innerlich entzweit. *Wenn es rein nach Vernunft ginge, muss deine Antwort „Nein." lauten.*

Ein „Nein." bedeutet jedoch auch Streit und Tränen. Zudem wäre es schön, die drei nicht hier zu Hause zu haben.

Also, wie lautet deine Entscheidung?

„Ja, dass könnt ihr gerne tun. Aber nur, wenn ihr dabei euren Mundschutz tragt." entgegne ich Ihnen letztlich.

Die beiden Jüngeren akzeptieren meine Bedingung ohne große Gegenwehr. Mein älterer Sohn überrascht mich hingegen, in dem er total ausrastet: „Dieses Scheißding trage ich nicht! Niemals! Eher sterbe ich!" schreit er mir sogleich aus voller Überzeugung entgegen, bevor er sich postwendend umdreht und heulend ins Haus läuft, wo sämtliche Türen auf seinem Weg in sein Zimmer mit einem lauten Knall von ihm zugeschlagen werden.

Na toll! denke ich mir konsterniert, da ich mit seiner Reaktion überhaupt nicht gerechnet habe und nun nicht weiß, was ich tun soll. Mir kommt in diesem Augenblick die sogenannte „Veränderungskurve von Kübler-Ross" ins Gedächtnis. Also der typische Verlauf, in dem Menschen auf Veränderungen, beziehungsweise einschneidende Nachrichten reagieren. Und ich erinnere mich daran, dass dieser typische Verlauf stets mit den drei Phasen „Schock", „Ablehnung" und „Frustration" beginnt. *Genau in diesen Phasen befindet er sich jetzt,* denke ich mir. *Gut, dass sich die Phase „Akzeptanz der Veränderung" an die genannten Phasen anschließt. Aber wann? Das ist immer die entscheidende Frage. ... Ich hoffe bald, denn ich habe keine Lust auf Streit.*

Mit dem soeben gedanklich gewonnenen Bewusstsein, dass er erstmal etwas Zeit für sich braucht, um die ersten drei Phasen zu durchschreiten, beruhige ich mein Gewissen ein wenig und bleibe zunächst in der Garage, anstatt ihm sofort hinterherzulaufen und auf ihn einzureden.

Eine gute Entscheidung, resümiere ich beim Mittagessen, da ich ihm während des Essens anmerke, dass er sich bereits wieder deutlich beruhigt und meine Botschaft schon etwas verdaut hat. So sehr, dass ich mich traue, das Thema Mundschutz noch einmal aufzugreifen und meine Entscheidung ein wenig tiefgehender zu erklären, ohne dass mein Ältester ein weiteres Mal auszurasten droht. Mit Erfolg. Glaube ich zumindest.

Nach der Mittagspause ist es dann soweit. Alle drei setzen ihren Mundschutz auf und verlassen das Haus. „Bis später!" rufe ich ihnen hinterher. „Und lasst bitte eure Masken auf!"

Als sie außer Sichtweite sind, schließe ich schweren Herzens die Haustür, da es letztlich doch ein sehr ungewohnter und herzzerreißender Anblick war, die drei (kleinen) Kinder soeben mit dem Mundschutz gesehen zu haben, der ihren Anblick total verändert hat. Auch dadurch wird mir einmal mehr bewusst, dass es derzeit anders ist, als noch vor zwei Monaten. Deutlich anders.

War es richtig, ihnen das Tragen des Mundschutzes aufzuerlegen? frage ich mich selbstkritisch, als ich die Haustür mit einem leisen Klicken ins Schloss drücke.

Ja! lautet die eindeutige Antwort meines Kopfes, die mich beruhigt und mir die notwendige emotionale und gedankliche Freiheit verschafft, mich in mein Büro zu setzen und an Corona-Tagebuch Nummer vier weiterzuschreiben.

16.55 Uhr: Das Klingeln meines Weckers signalisiert mir, dass es Zeit für mich wird, das Schreiben einzustellen, das Dokument zu speichern, den Laptop herunterzufahren und mich aus dem Keller zurück ins Erdgeschoss zu begeben, da um 17 Uhr die Kinder nach Hause kommen werden. Zumindest war dies unsere klare Absprache.

17:01 Uhr: Aus einer etwas versteckten Position in der Küche, schaue ich hinaus in Richtung unseres Hoftores und sehe, dass die beiden Jüngeren pünktlich und nahezu zeitgleich zurück auf unser Grundstück kommen und zu meiner Freude, aber auch Überraschung, dass beide ihren Mundschutz tragen. Und, soweit ich ihre Blicke richtig einschätze, scheinen sie glücklich und zufrieden zu sein.

17:03 Uhr: Ich beobachte nun auch mein älterer Sohn, der ebenfalls nach Hause zurückkehrt. Seinen Mundschutz trägt er jedoch nicht, sondern er hält ihn in seiner Hand, die im Vorübergehen den Deckel der Mülltonne öffnet und die Maske in dieser verschwinden lässt, was mich abermals an diesem Tag wütend werden lässt.

Ich gehe daraufhin zur Haustür, begrüße zunächst alle drei und lobe die beiden Jüngeren dafür, dass sie sich an meine Bedingung gehalten haben. Meinen älteren Sohn frage ich hingegen scheinheilig und vermeintlich ahnungslos, wo denn seine Mundschutzmaske geblieben ist.

Auch dieses Mal überrascht mich seine Reaktion, da er sofort in Tränen ausbricht, schweigend an mir vorbei ins Wohnzimmer geht, sich weinend aufs Sofa schmeißt und sein Gesicht tief in einem der Kissen vergräbt.

Als ich ihn da so liegen sehe, verfliegt meine Wut sofort und weicht einem sehr mulmigen Gefühl, da ich nicht so recht einordnen kann, was mit ihm los ist. Dass es irgendetwas mit dem Mundschutz zu tun hat, ahne ich jedoch bereits.

Kurzum setze ich mich zu ihm aufs Sofa und streichele ihm behutsam über seinen Hinterkopf, um ihn zu trösten, was er jedoch mit einem verheulten und trotzigen „Lass mich in Ruhe!" quittiert.

Um die Situation nicht noch weiter zu eskalieren, höre ich ad hoc auf, ihn irgendwie und irgendwo zu berühren, sondern rücke etwas von ihm ab. Nach einem Moment der Stille und des Nichtstuns sage ich dann mit ruhigem Tonfall zu ihm: „Bitte sag mir doch, was mit dir los ist. Ich verstehe es nämlich nicht. Hat es irgendetwas mit dem Mundschutz zu tun?"

Da sein Weinen in diesem Augenblick wieder heftiger wird, weiß ich, dass ich ins Schwarze getroffen habe. Dennoch halte ich erneut einen Moment inne und lasse ihn zunächst wieder etwas zur Ruhe kommen, bevor ich abermals nachhake: „Hey, Großer, bitte rede mit mir. Was ist passiert?"

Es dauert einen Augenblick, bis er sich irgendwann umdreht und zu mir schaut. Und während weitere dicke Tränen seine Wangen hinunter kullern entgegnet er mir unter einem fortwährenden, ausgeprägten Schluchzen: „Er (sein 14-jähriger Cousin mit dem er verabredet war) hat mich die ganze Zeit ausgelacht." Dann überkommt ihn erneut eine Woge der Tränen, die sich dieses Mal jedoch nicht in eines der Sofakissen, sondern an meine Schulter ergießt.

Vorsichtig lege ich meine Arme um ihn und drücke ihn ein wenig an mich, wobei ich stets beobachte, wie er darauf reagiert. Da er nichts dagegen zu haben scheint, halte ich ihn einige Augenblicke lang fest an mich gedrückt in meinen Armen. Dann sage ich zu ihm: „Dein Cousin ist ein Idiot, der offensichtlich noch nicht verstanden hat, was derzeit von uns allen gefordert wird. Ich bin jedenfalls sehr stolz auf dich, dass du das mit der Maske trotzdem durchgezogen hast."

„Hab ich gar nicht." Gesteht er mir kurz darauf kleinlaut. „Die Maske ist mir beim Trampolinspringen immer wieder ins Gesicht gerutscht und auch beim Fahrradfahren habe ich dadurch keine Luft bekommen, sodass ich sie irgendwann abgenommen habe."

Danke für deine ehrliche Aussage, denke ich mir gefolgt von: *Dass sich die Kinder in der Tat ganz anders bewegen, als wir Erwachsenen, habe ich bei meiner Entscheidung nicht bedacht. ... Und es wäre sehr töricht von dir, deine Meinung nicht noch einmal zu überdenken*, ergänzt mein Verstand.

Kurzum rufe ich auch die beiden anderen Kinder zu mir und meinem älteren Sohn ins Wohnzimmer und frage sie, wie es für es sie war die Maske beim Spielen zu tragen.

„Das war echt doof Papa." sagt meine Tochter. „Meine Brille ist andauernd beschlagen und ich konnte nichts mehr sehen. Und die Mama meiner Freundin hat mir gesagt, dass Kinder unter sechs Jahren keine Maske tragen brauchen." *Auch diese beiden Argumente habe ich nicht bedacht, beziehungsweise das mit dem Alter habe ich nicht gewusst.*

„Und wie war es für dich?" frage ich meinen jüngeren Sohn.

„Für mich war es okay." antwortet er mir kurz und knapp, woraufhin ich den beiden Jüngeren erzähle, was mir ihr älterer Bruder kurzzuvor gestanden hat, um das Meinungsbild aller präsentgemacht zu haben.

Dann sage ich: „Es war ein Fehler von mir, euch generell den Mundschutz aufzuzwingen und ich entschuldige mich dafür bei euch. Es tut mir leid! (kurze Sprechpause) Dennoch halte ich den Mundschutz für wichtig …" fahre ich fort „… aber ihr müsst ihn nur noch dann tragen, wenn ihr euch drinnen bei euren Freunden aufhaltet. Draußen könnt ihr die Maske von mir aus weglassen."

Alle drei lächeln mich an. Und ich spüre, dass mir jedes Lächeln Freude und Erleichterung entgegenstrahlt, was mich beruhigt, mir Sicherheit gibt und mir signalisiert, auf dem Richtigen Weg zu sein. Daher fahre ich an meinen älteren Sohn gerichtet fort: „Und mit deinem Cousin werde ich auch noch einmal reden und ihm sagen, dass ich sein Verhalten dir gegenüber doof finde und ich werde ihm zudem noch einmal erklären, warum ich das mit dem Mundschutz für so wichtig halte."

Und in Richtung meiner Tochter sage ich: „Auch von dir würde ich es toll finden, wenn du deine Maske tragen würdest. Du kannst jedoch selbst entscheiden, ob das geht oder nicht."

„Okay?" frage ich abschließend in Richtung von allen dreien. Und alle fallen mir in den Arm und sagen „Danke, Papa." zu mir, was mich zu Tränen rührt und mich unendlich freut.

<u>Weitere Ereignisse des Tages (Kurzform):</u>
- Keine. Und auch kein Regen.

Sonntag, 26. April 2020

Meine Erlebnisse des heutigen Tages sind schnell erzählt, da sie sich sehr mit denen vergangener Wochenendtage ähneln:

5.55 Uhr: Ich stehe auf, setze mich an den Schreibtisch, bringe das vierte Buch dieser Reihe abschließend zu Papier und schicke es an den Verlag.

8.15 Uhr: Frühstück und anschließende Vorbereitung unserer heutigen Radtour.

Ca. 10 Uhr: Aufbruch mit den Fahrrädern.

16.07 Uhr: Rückkehr von der Radtour.

17.03 Uhr: Grillen.

Ab ca. 18.30 Uhr: Ausklang des Wochenendes vor dem Fernseher.

Weitere Ereignisse des Tages (Kurzform):

- In Spanien dürfen die Kinder nach sechs Wochen durchgehenden Hausarrests erstmals wieder für eine Stunde nach draußen. *Gut, dass es bislang bei uns nicht so weit gekommen ist.*
- Laut Medienberichten gehen derzeit in Deutschland immer weniger Menschen zum Arzt, weil sie Angst haben, sich dort mit Corona zu infizieren.
  Die Folge: dringend notwendige Diagnosen und Behandlungen finden nicht statt.

Montag, 27. April 2020

Ich bin sehr froh, an diesem Morgen seit langem mal wieder mit dem Fahrrad zur Arbeit fahren zu können. Noch vor wenigen Wochen gehörte dies zu meinen regelmäßigen Gewohnheiten, jedoch auf Grund der Kinderbetreuung und des dadurch entstandenen Zeitkonflikts auf der Arbeit war mir das berufliche Pendeln mit dem Rad zuletzt nicht mehr möglich, sodass ich auf die schnelleren Verkehrsmittel (Bus und Auto) ausweichen musste.

Ich genieße es daher sehr, dass es heute anders ist und dass ich allein auf meinem Fahrrad durch die kühle und äußerst belebende Morgenluft radeln kann. *Was für ein Start in den Tag!* ☺

Wenn die Corona-Situation so bleiben würde, hätte ich nichts dagegen. Corona macht mir derzeit jedenfalls keine Angst (mehr), denke ich überschwänglich und sicherlich auch etwas zu euphorisch, als ich mein Fahrrad nach der gut 45-minütigen Fahrt in den Fahrradkeller der Firma schiebe und dort ankette.

Kurz darauf hat mich die Sache mit Firma F* wieder fest im Griff.

Als ich während meiner Mittagspause alleine in einem der ansonsten gut gefüllten Pausenräume sitze und mein von zu Hause mitgebrachtes Gericht esse, kommt mir unser Sommerurlaub wieder in den Sinn: *Bis Ende Juni müssen wir entschieden haben, ob wir fahren wollen, oder nicht. Mal wieder rauszukommen, wäre sicherlich ganz schön. Doch was wird dort auf uns warten? Das gleiche wie hier: Abstand halten; Mundschutzpflicht; lange Schlangen vor Restaurants, Supermärkten, bei der Strandkorbvermietung und bei Kinderattraktionen, … . Hat das dann noch was mit Urlaub und Erholung zu tun? Nein. Will ich dann dort hin? Nein. … Dann würdest du jedoch erneut 500 € für einen Urlaub in den Wind schießen (vertraglich festgelegte Stornogebühren, die wir auch bereits als Anzahlung leisten mussten). Willst du das? ... Ich weiß es nicht.*

<u>Weitere Ereignisse des Tages (Kurzform):</u>
- Von der Mundschutzpflicht habe ich heute noch nichts mitbekommen, da ich auch den Rückweg von der Arbeit auf meinem Fahrrad sitzend zurückgelegt habe.
- Noch immer kein Regen. ☹

Dienstag, 28. April 2020

Es ist ziemlich genau fünf Uhr morgens, als ich das Haus verlasse und noch kurz in die Firma fahre, bevor ich einkaufen muss und anschließend einen weiteren Tag zu Hause bei den Kindern verbringen werde.

Um 5.30 Uhr erreiche ich dann das Bürogebäude, setze mich wenig später mich an den Rechner und erledige in Windeseile all das, was mir am gestrigen Abend und auch im Laufe der Nacht noch in Sachen Firma F* durch den Kopf geisterte und dringend erledigt werden muss.

7.10 Uhr: *Die Zeit ist um, sieh zu, dass du zum Supermarkt fährst, bevor es dort zu voll wird!* fordert mich die innere Stimme meines Gewissens nach nur etwa anderthalb Stunden Arbeitszeit auf. Und da ich weiß, dass diese Stimme recht hat, packe ich schweren Herzens meine Sachen zusammen und mache mich auf den Weg, obwohl ich gerne noch länger auf der Arbeit geblieben wäre.

7.25 Uhr: Ankunft beim Supermarkt, wo ich mir meine Maske aufsetze, meine Einmalhandschuhe anziehe und mich auf den Weg vom Auto zur Ausgabestelle für die Einkaufswagen mache. Bereits dort fühlt es sich komisch und ungewohnt an, von den Gesichtern der anderen Leute um mich herum nur die Augen sehen zu können, da sich ausnahmslos alle an die Maskenpflicht halten. Und als ich einer Dame intuitiv entgegenlächle, um ihr damit zu signalisieren, dass sie sich gerne vor mir einen Einkaufswagen nehmen kann, wird auch mir postwenden bewusst, dass mein Lächeln ab heute ebenfalls verschwinden, beziehungsweise unter meinem Mundschutz verborgen bleiben wird. Und unweigerlich kommen mir in diesem Augenblick die Worte unserer Kanzlerin von Anfang März in den Sinn, die damals so etwas sagte, wie „Wir sollten lieber höflich lächeln, anstatt uns die Hand zu geben". Und mein Kopf kommentiert diese Erinnerung heute mit: *Jetzt funktioniert selbst das mit dem Lächeln nicht mehr.*

Um 8.45 Uhr kehre ich mit dem Einkauf heim und auch heute fühlt sich dieses vormals banale Ereignis wie ein Highlight an, da die Kinder allesamt gut gelaunt dabei helfen, das Auto auszuräumen und dabei sogleich voller Vorfreude erkunden, was Papa leckeres mitgebracht hat.

9.15 Uhr: Gemeinsames Frühstück der ganzen Familie.

10 Uhr: Telefonkonferenz aus meinem häuslichen Büro mit Managern von Firma F*.

10.50 Uhr: Mein Blick wandert seit einigen Minuten immer wieder nervös zur Uhr, da das Redebedürfnis von Firma F* noch längst nicht befriedigt ist, meine Frau jedoch spätestens um 11 Uhr zur Arbeit aufbrechen und ich ab diesem Zeitpunkt die Kinderbetreuung übernehmen muss. *Grrrr!*

11.03 Uhr: Mit einem äußerst schlechten Gewissen beende ich die Telefonkonferenz ziemlich abrupt, da eine Etage über mir zwischen den Kindern die Fetzen fliegen. Zudem bin ich enttäuscht darüber, dass es heute nicht einmal mehr geklappt hat, meine Frau zu verabschieden, bevor sie zur Arbeit gefahren ist.

11.15 Uhr: Es passt daher voll in den aktuellen verkorksten Tagesverlauf, dass unser Tablett nun endlich den Geist aufgegeben zu haben scheint. Jedenfalls kotzt mich dies neben dem fortwährenden Streit der Kinder rund um das Fernsehprogramm ebenfalls an, da ich nichts mehr hasse, als einer Sache in gewisser Weise ohnmächtig ausgeliefert zu sein. Und genau dies ist bei dem defekten Tablet der Fall ist, da ich keine Ahnung davon habe, wie ich es reparieren, beziehungsweise wieder heile bekommen könnte.

11.45 Uhr: Mein Schwager kommt mit seiner zweijährigen Tochter zu uns, da sie mit meiner Tochter verabredet sind. Einen Mundschutz trägt er jedoch nicht, was meine Stimmungslage zusätzlich aufheizt. Dennoch gelingt es mir, nichts zu sagen, um mir das Verhältnis zu ihm nicht zu versauen.

11.47 Uhr: Das Telefon klingelt. Ich nehme das Gespräch an und spreche für die nächsten Minuten mit der Klassenlehrerin unseres älteren Sohnes, die sich danach erkundigt, wie es aktuell bei uns / beim ihm zu Hause mit den Schulaufgaben so läuft. „Ganz gut." antworte ich ihr. „Doch mir ist bewusst geworden, dass er sich mit den Deutschaufgaben deutlich schwerer tut, als mit Mathe."

Letztlich übergebe ich das Telefon an meinen besagten Sohn und auch er spricht noch einige Zeit mit seiner Lehrerin und muss ihr sogar etwas von dem vorlesen, das er seit Montag bereits zu lesen geübt hat.

Als das Telefonat beendet ist, bin ich einerseits erleichtert, dass mein Sohn den Text für seine Verhältnisse recht gut gelesen hat und andererseits bin ich zudem positiv davon angetan, dass sich mal jemand aus der Schule bei uns gemeldet und sich nach unserem Wohlergehen erkundigt hat, anstatt uns (wie bisher) lediglich von Woche zu Woche per E-Mail mit Aufgaben zu versorgen.

Zeitgleich kommt jedoch auch so etwas wie Wut gegenüber dem Kindergarten meiner Tochter in mir auf, von welchem kläglicher Weise seit dem Beginn der Krise jegliches Lebenszeichen fehlt. ☹

12.00 Uhr: Ich beginne damit, das Mittagessen vorzubereiten.

12.38 Uhr: Kurzer aber heftiger Streit mit den Jungs, da sie sich weigern den Fernseher auszumachen und zum Mittagessen an den Küchentisch zu kommen.

12.45 Uhr: Mittagessen.

13.10 Uhr: Dafür, dass ich den Jungs untersagt habe, weiterhin nur vor der Glotze zu sitzen, muss ich nun in den sauren Apfel beißen und mit ihnen Basketball spielen, um sie zu beschäftigen. *Wie gerne würde ich jetzt eine kurze Pause auf dem Sofa machen!*

14.30 Uhr: Von einer Pause fehlt auch weiterhin jede Spur, denn die Kids wollen unbedingt mit mir auf Inlineskates eine Tour durch das Dorf drehen.

16.45 Uhr Bei unserer Rückkehr nach Hause komme ich an unserem Briefkasten vorbei und leere ihn sogleich. Neben anderer Post ist auch Brief vom Finanzamt dabei, den ich sofort öffne. Mit großer Erleichterung lese ich, dass meinem Wunsch auf Aussetzung weiterer Steuervorauszahlungen für dieses Jahr entsprochen wurde. *Puh! Das führt zu einer deutlichen Entspannung meiner finanziellen Situation.* ☺

Mit einem breiten Grinsen in meinem Gesicht heißt es dann für uns vier: Aufräumen!

17.30 Uhr: Abendessen (Schnittchen) vor dem Fernseher.

17.35 Uhr: Es regnet. Endlich mal wieder. Kurz, aber heftig.

21.04 Uhr: Ich falle ins Bett und es dauert nicht lange, bis ich einschlafe.

<u>Weitere Ereignisse des Tages (Kurzform):</u>
Keine.

Mittwoch, 29. April 2020

4.00 Uhr: Ich bin wach. Warum auch immer. Vielleicht, weil mir das defekte Tablet keine Ruhe lässt, da ich Angst habe, dass es sich nicht bloß um einen technischen Defekt handelt, sondern dass wir erneut Opfer eines Hackerangriffs geworden sind. Aus diesem Grund ist mir sehr daran gelegen, dass iPad zum Laufen zu kriegen, um mir beweisen und mich beruhigen zu können, dass wir nicht virtuell angegriffen wurden. Jedenfalls liege ich im Bett und grübele darüber nach, was ich tun kann.

4.45 Uhr: Ich stehe auf und gehe in die Küche, wo ich das Tablett an unseren Laptop anschließe und mit dem Apple-Support verbinde. Zu meiner Erleichterung tut sich auch etwas auf dem Tabletbildschirm und ich sehe, dass das Supportprogramm versucht, den Schaden zu beheben.

6.00 Uhr: Nach etlichen fehlgeschlagen Startversuchen, komme ich schweren Herzens zu dem Schluss, dass das iPad meinerseits nicht mehr zu retten ist, was unweigerlich die Frage in mir aufwirft, wie wir das ab sofort mit dem Homeschooling der Jungs machen, für welches wir das Tablet bis dato zwingend benötigt haben, um E-Mails zu lesen und Onlineschulaufgaben zu erledigen.

6.10 Uhr: Dass mit dem E-Mailempfang löse ich, indem ich mir unser E-Mailpostfach auf meinem dienstlichen Smartphone einrichte, was ich vormals kategorisch abgelehnt habe. Und für die Onlineaufgaben reaktive ich unser altes Tablet aus dem Ruhestand. In der Hoffnung, dass es uns noch einmal treu zu Diensten sein wird.

6.17 Uhr: Die beiden Jungs sind wach und haben es sich sogleich vor dem Fernseher bequem gemacht. Für mich bedeutet dies: Ende der Einsamkeit und beginnt der Kinderbetreuung.

- Zeitsprung –

20.17 Uhr: Die Kinder sind im Bett und schlafen. Ich liege auf dem Sofa und schaue den heutigen ARD-Abendfilm zusammen mit meiner Frau. Wobei „zusammen" bedeutet, dass sie müde und vom Tag gezeichnet auf der einen Seite des Sofas liegt und ich hundskaputt auf der anderen. Und Obwohl wir uns nicht berühren und sie auch nichts zu mir sagt, ist es inzwischen so, dass mich rein ihre Anwesenheit nervt und für ein Gefühl des Unbehagens in mir sorgt. Vielleicht ist das auch der Grund, warum mich das, was ich als Handlung im Film beobachte, so erstaunlich melancholisch macht: Eine Frau trennt sich im Film kurzum von ihrem Partner und zieht bei ihm aus, wobei sie lediglich eine Tasche und einen Koffer benötigt, um all ihr Hab und Gut zu verstauen.

Wie gerne würde auch ich meine gesamte Habe in nur zwei Taschen packen können und von hier verschwinden, denke ich mir wehmütig. *Doch ich besitze deutlich mehr (unnützes) Zeug, als dass dies in nur zwei Taschen passen würde. Wahrscheinlich würden nicht einmal 20 Taschen ausreichen. Der gesamte Wohnbereich, der Keller, der Dachboden, die Garage, ... Alles ist voll mit irgendwelchen Sachen. Sachen von mir, von meiner Frau und natürlich auch von den Kindern. „Besitz verpflichtet" habe ich irgendwann einmal gehört. Zumindest schafft er Verpflichtungen und Aufgaben, genauso, wie eine Familie*

Ja, ich sehne mich danach, nichts von all dem, oder zumindest deutlich weniger davon zu besitzen / um mich zu haben. Doch wovon will / kann ich mich trennen?

Du weißt es genau, antwortet eine Stimme aus mir heraus.

Verwirrt stehe ich vom Sofa auf und gehe ins Bett.

Weitere Ereignisse des Tages (Kurzform):

- Aktuell vermehren sich die Gerüchte, beziehungsweise Verschwörungstheorien, dass der Ausbruch des Virus in China ein Unfall war.
- Am späteren Nachmittag gehe ich mit den Kindern eine Runde spazieren. Unterwegs treffen wir seit langem mal wieder auf eine Familie aus dem Dorf, die ebenfalls drei Kinder haben und mit denen wir uns seit jeher recht gut verstehen.
Wir unterhalten uns über eine halbe Stunde und reden über unsere jeweilige Situation. Ihnen geht es derzeit in vielerlei Hinsicht so, wie auch uns. Eine Erkenntnis, die mich sehr erleichtert und mir die Gewissheit gibt, dass nicht nur wir (ich) zunehmend unter dem jetzigen IST leiden.

Donnerstag, 30. April 2020

Es ist ein seltsamer Morgen. Einerseits, weil ich das Ende des gestrigen Tages, insbesondere meine mich verwirrenden Gedanken zum Thema „Ich packe meine Sachen und verschwinde" noch immer nicht einordnen kann. *Will ich das wirklich oder steckt eine andere Bedeutung dahinter?*

Und zum anderen komme ich an diesem Tag einfach nicht aus dem Bett, obwohl der Rest meiner Familie schon wach ist und auch der erste Streit rund um das Fernsehprogramm zwischen den Kindern schon ausgefochten ist. Vielleicht ist es aber auch gerade die Tatsache, dass alle anderen bereits im Haus unterwegs sind, die mich im Bett verweilen lässt. Schließlich ist dies in diesem Moment der einzige Ort, wo ich meine Ruhe vor ihnen habe.

8 Uhr: Ich habe es noch immer nicht geschafft, mein Bett zu verlassen, was zur Folge hat, dass die Kinder bereits seit einer Stunde alleine vor dem Fernseher hocken, da meine Frau heute sehr früh zur Arbeit aufgebrochen ist, um auch mir durch ihre frühere Rückkehr einen halbwegs frühen Aufbruch in die Firma zu ermöglichen. Doch das ist gefühlt noch eine Ewigkeit weit entfernt.

Während ich so im Bett liege und vor mich hin träume, beginnt es draußen ein weiteres Mal in dieser Woche zu regnen.

Ich liebe das Geräusch des Regens, der auf das Dach prasselt, denke ich mir. *Es ist so beruhigend und es erinnert mich fast jedes Mal an damals, als ich im Alter zwischen zehn und 19 Jahren nahezu jeden Sommer mit meiner Jugendgruppe im Zeltlager war. Und schon damals hat es mich beruhigt und geerdet, wenn (mal) Regen auf das Zeltdach geprasselt ist, während ich auf meiner Liege in meinem Schlafsack eingemummelt lag. Damals ... Was für eine schöne Zeit. Friedlich, unbekümmert, frei und voller Liebe zu ....*

„Papa!" höre ich diesem Augenblick die Stimme meiner Tochter aus dem Wohnzimmer schreien und schon an dem Tonfall ihrer Stimme erkenne ich, dass ihr irgendetwas nicht passt, beziehungsweise dass sie irgendetwas von mir möchte. Und das am besten sofort.

8.17 Uhr: *Das war es dann wohl mit meiner Ruhe und Einsamkeit*, sage ich innerlich zu mir und stehe schweren Herzens auf. Kurz darauf hat mich der Corona-Alltag rund um die Kinder wieder fest im Griff.

Als ich am späten Nachmittag von der Arbeit nach Hause komme, setze ich mich noch einmal an den Rechner, um eine Zwischenbilanz zu ziehen und um meine Notizen rund um dieses Tagebuch abzuschließen:

Was ist aus meinen einleitenden Fragen/Sorgen geworden?

Frage:	Aktueller Stand:
Ist es derart anstrengend wie am 21. April geblieben?	Oh, ja. Leider.
Haben wir das Schlimmste dieser Krise schon überstanden?	Ich weiß es nicht. Ich glaube nicht.
Was hat das mit der Maskenpflicht ab 27. April auf sich?	Ich denke, diese Sache ist geklärt. Zumindest beschäftigt sie mich nicht weiter.
Wann können die Jungs endlich wieder in die Schule gehen?	Diese beiden Fragen sind noch offen.
Wie lange wird meine Tochter noch zu Hause sein, beziehungsweise, wird sie vor ihrer Einschulung im Sommer den Kindergarten überhaupt noch einmal besuchen?	Ich hoffe jedenfalls inständig darauf, dass für alle drei bald wieder die Betreuung in irgendeiner Form startet.
Wird meine Tochter in diesem Sommer eingeschult, oder fällt das dieses Jahr wohlmöglich aus?	Keine Ahnung.

Frage:	Aktueller Stand:
Werden wir am Monatsende erstmals an unsere finanziellen Rücklagen gehen müssen?	Diesen Monat noch nicht. Im Gegenteil. Zu meiner Über-raschung habe ich an diesem Monatsende sogar so viel Geld übrig, wie schon seit Jahren nicht mehr. Warum? Unter anderem darum: • Keine Abbuchung der Kindergartengebühren. • Keine Abbuchung des „Essensgeldes" der Schule. • Kein Kauf von Busfahrkarten möglich, da ich mir beim Fahrer keine Fahrkarten kaufen kann, weil ich diesen durch die Absperrung im Bus nicht erreichen kann und, weil es in den Bussen bei uns keine Verkaufs- und/oder Entwertungsautomaten gibt. • Kein Mittagessen in der Firmenkantine, da diese geschlossen hat. • Keine Kosten fürs Fitnessstudio. • Kaum Käufe von „Kleinigkeiten" im Vorrübergehen. Ein Döner hier, ein Stück Kuchen dort, etc. . • Keine Kosten für den Frisör für uns fünf, da dieser ebenfalls geschlossen hat.

Frage:	Aktueller Stand:
Wird Corona für mich und meine Familie auch weiterhin ein Gespenst in der Ferne bleiben?	Ich hoffe es sehr.
Wann wird es endlich mal wieder regnen?	Es hat geregnet. Heute sogar so viel, dass ich mir um dieses Thema keine Sorgen mehr mache, zumal auch für die kommenden Tage ausgiebiger Regen angekündigt ist.
Was wird aus unserem Ostseeurlaub im August?	Ich weiß es noch nicht.

Neue Fragen / Sorgen:

- *Werde ich wirklich meine Sachen packen und gehen?*

Und zum Abschluss, die aktuellen Statistikzahlen – Stand heute 7.40 Uhr:

Wo?	Infizierte		Tote	
	21.04.2020	heute	21.04.2020	heute
Welt	2.478.634	3.194.523	170.389	227.659
USA	787.901	1.039.909	42.364	60.966
Spanien	200.210	236.899	20.852	24.275
Italien	181.228	203.591	24.114	27.682
Deutschland	147.065	159.119	4.862	6.288
Schweden	14.777	20.302	1.580	2.462

(Quelle: Johns-Hopkins-Universität)

Fortsetzung folgt.